# LA WIKIPEDIA

Una revolucionaria enciclopedia libre
y colaborativa

Por Guy Delsaut
Traducido por Laura Bernal Martín

Economía y empresa     50MINUTOS.es

# LAS CLAVES PARA EL ÉXITO

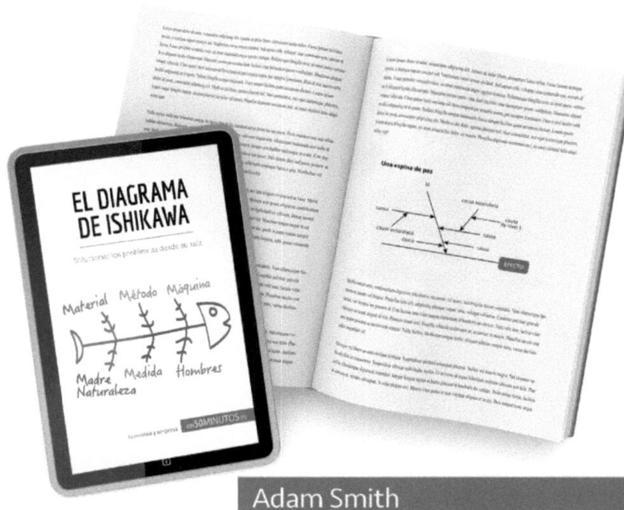

Adam Smith

El principio de Pareto

El estrés laboral

La pirámide de Maslow

www.50minutos.es

# LA WIKIPEDIA

## EL ÉXITO DE UN PROYECTO EN TEORÍA IMPOSIBLE

En quince años de existencia, la enciclopedia libre Wikipedia se ha impuesto como una de las páginas web más consultadas del mundo. Un éxito que resulta sorprendente si tenemos en cuenta que no había ningún elemento que la predispusiera a un desarrollo tal. En un principio, esta enciclopedia participativa, lanzada el 15 de enero de 2001 por Jimmy Wales (hombre de negocios estadounidense de 34 años) y por su compatriota Larry Sanger (de 32 años), no era más que la puerta de entrada a otra enciclopedia digital libre, de funcionamiento más clásico. Pero la tecnología wiki que permite a sus fundadores facilitar la edición se revela sorprendentemente eficaz. Entonces, la idea de una enciclopedia co-laborativa cala en ambos: ha nacido la Wikipedia.

Enseguida aparecen otras versiones lingüísticas, siendo la edición francesa una de las primeras.

En todo el mundo, los llamados wikipedistas ayudan con los artículos existentes, los actualizan y crean nuevos para un público cada vez más amplio. El contenido aumenta a toda velocidad, y en octubre de 2004 se alcanza el umbral del millón de artículos —sumando artículos escritos en cualquier idioma—. Una quincena de años después de su creación, están disponibles más de 37 millones de artículos, de los cuales unos 1,3 millones están en español y unos 1,9 millones en francés. La versión inglesa es, con diferencia, la más amplia: cuenta con más de 5 millones de artículos.

La Wikipedia, gestionada por la Fundación Wikimedia desde 2003, no es un producto comercial. Sus gastos de funcionamiento están cubiertos principalmente por donaciones particulares, de empresas y de asociaciones. Nadie puede cuestionar el éxito de esta enciclopedia, cuyo inédito modelo parecía condenado al fracaso pero que, con el paso de los años, se ha convertido en una fuente de referencia a nivel mundial.

- **¿Fundadores?** Jimmy Wales (hombre de negocios estadounidense, fundador de la sociedad Bomis, 34 años) y Larry Sanger (doctor en filosofía que trabaja como redactor en jefe, 32 años).
- **¿Inicio del proyecto?** Enero de 2000 (cuando se contrata a Larry Sanger).
- **¿Lanzamiento?** 15 de enero de 2001.
- **¿Sector de actividad?** Información y obras de referencia.
- **¿Cifras clave?**
  - 2002: 19 ediciones lingüísticas; 21 000 artículos.
  - 2003: 52 ediciones lingüísticas; 149 000 artículos.
  - 2004: 107 ediciones lingüísticas; 440 000 artículos.
  - 2005: 161 ediciones lingüísticas; 1,4 millones de artículos.
  - 2015: 289 ediciones lingüísticas; 34,3 millones de artículos.
  - 2016: 289 ediciones lingüísticas; 37,9 millones de artículos disponibles, entre los cuales hay 1,3 millones en español,

1,9 millones en francés y 5 millones en inglés.

# CONTEXTO: LAS ENCICLOPEDIAS ANTE EL MUNDO DIGITAL

## EL SECTOR DE LAS ENCICLOPEDIAS

La enciclopedia francesa *Le Petit Larousse illustré* afirma que una enciclopedia es una «obra que expone metódica o alfabéticamente el conjunto de conocimientos universales (enciclopedia general) o específicas de un ámbito del saber (enciclopedia especializada)»[1] (Colectivo 2003). El hombre siempre ha buscado exhibir y transmitir su saber. La escritura, más tarde la imprenta y finalmente la web se han beneficiado en gran medida de esta tarea. Con el paso de los siglos, los ancestros de las enciclopedias han tomado diversas formas y nombres.

La palabra «enciclopedia» aparece en el siglo XVI, pero las enciclopedias modernas no nacen hasta dos siglos más tarde, en Inglaterra, con la

---

1. Cita traducida por 50Minutos.es

*Cyclopaedia* de Ephraim Chambers (1680-1740) y en Francia con la *Enciclopedia o Diccionario razonado de las ciencias, artes y oficios* de Denis Diderot (1713-1784) y Jean le Rond D'Alembert (1717-1783). Estos últimos hacen que participen grandes personalidades de la época: Voltaire (1694-1778), Rousseau (1712-1778) o Buffon (1707-1788) firman algunos artículos. También a lo largo del siglo XVIII nace la *Encyclopædia Britannica*, que sigue editándose a día de hoy. En el siglo XIX, y después en el XX, las enciclopedias comienzan a despegar de verdad y se convierten tanto en productos comerciales como ideológicos. Cada gran país publica la suya: la *Brockhaus Enzyklopädie* en Alemania (1808), la *The Encyclopedia Americana* en los Estados Unidos (1829) o la *Gran enciclopedia soviética* en la URSS (1926). En Francia, en el mundo de las obras de referencia, no se puede dejar de hablar de las ediciones Larousse. Su enciclopedia, no obstante, cambia varias veces de nombre. A finales de los años sesenta aparece la *Encyclopaedia Universalis* para hacerle competencia.

Al lado de estas prestigiosas enciclopedias en varios volúmenes, el sector de los libros de referencia también tiene que contar con obras como *Quid*, una enciclopedia en un solo volumen destinada al gran público, mientras que la colección *Que sais-je?* también se considera una enciclopedia, a pesar de que cada volumen trata un solo tema.

## LOS RETOS ANTE EL MUNDO DIGITAL E INTERNET

El siglo XX es testigo del desarrollo informático. Los ordenadores entran primero en las oficinas para después hacerse paso en los hogares. Los textos ya no solo descansan sobre el papel, sino que también lo hacen en discos duros, disquetes y, más adelante, en CD-ROM, DVD, llaves USB, etc. Los ordenadores se comunican cada vez más en red y en los años noventa se desarrollan internet y la World Wide Web.

El mundo digital ofrece nuevas posibilidades y revoluciona un buen número de medios de comunicación. Sus editores, a veces mayores, tienen que adaptarse. En el universo de las enciclopedias, la *Academic American Encyclopedia* es la primera en entrar en el mundo virtual en

1985 gracias a su edición en CD-ROM, y no contiene ninguna ilustración multimedia. En 1993, el gigante informático Microsoft da un vuelco al sector con el lanzamiento de la Encarta, una enciclopedia multimedia en CD-ROM. Menos cara, más atractiva y menos engorrosa que los numerosos volúmenes de *Universalis* o de *Britannica*, encuentra un éxito seguro. Poco a poco, los editores tradicionales también se lanzan a crear versiones electrónicas de sus enciclopedias, vendidas en CD-ROM y más tarde en DVD.

A partir de ese momento, los soportes ópticos permiten ilustraciones multimedia, la búsqueda de texto integral o actualizaciones. Además, los costes de producción de un CD-ROM o de un DVD son muy inferiores a lo que supone una impresión en varios volúmenes.

Pero, ¿qué sucede con la web? Sin duda, esta también aporta su lote de ventajas, sobre todo debido a una rápida actualización. Los grandes editores se lanzan a realizar versiones en línea con suscripción: *Britannica* en 1995, *Universalis* en 1999. Pero, ¿es su modelo lo suficientemente extrapolable a la red? Como había hecho la Encarta, la llegada de la Wikipedia en 2001 también va a hacer bascular el mundo de las enciclopedias, hasta el punto de hacer desaparecer algunas de ellas.

# INICIOS: DE NUPEDIA A WIKIPEDIA

## EL EMPRENDEDOR Y EL FILÓSOFO

En los orígenes de la Wikipedia se encuentran dos estadounidenses: Jimmy Wales (nacido en 1966) y Larry Sanger (nacido en 1968). Debemos al primero la idea de la enciclopedia libre y al segundo la de la tecnología que supondrá su éxito. Tras haber realizado estudios en Finanzas, Jimmy Wales se convierte en director de investigación para un corredor de bolsa de Chicago. Se hace rico especulando con las tasas de interés y las tasas de cambio. Apasionado por internet, crea en 1996 su propia sociedad, Bomis. Su principal producto es el portal web, que se especializa poco a poco en imágenes eróticas. Los ingresos de la empresa proceden fundamentalmente de la publicidad. En paralelo a su actividad profesional, Wales se interesa por la filosofía y especialmente por el objetivismo. Frecuenta listas de discusión filosóficas e incluso modera una de ellas.

Es en este ambiente virtual donde conoce al filósofo Larry Sanger a principios de los años noventa. Este, también moderador de una lista de discusión y apasionado por internet, gestiona entre 1998 y 2000 una de las páginas más consultadas sobre la problemática que plantea un error informático en el año 2000. Por su parte, en 1999, a Wales se le ocurre desarrollar una enciclopedia libre en internet, recuperando así una vieja pasión. Ya de niño, se interesaba por las obras de referencia y pasaba horas en la *Encyclopædia Britannica* o en el *World Book Encyclopedia*. Le pide ayuda al filósofo Larry Sanger y le contrata para su empresa Bomis como redactor en jefe de una página que va a llamarse Nupedia.

La idea consiste en construir una enciclopedia escrita por especialistas voluntarios y revisada por expertos. La gran novedad reside en la gratuidad y en la licencia de edición. Los artículos de la enciclopedia se redistribuirán gratuitamente según los términos de la Nupedia Open Content License. La enciclopedia será financiada por la publicidad y lanzada en marzo de 2000. Pero el proceso editorial, que incluye una validación y correcciones, es lento. Entonces, Larry Sanger propone emplear una tecnología novedosa: la wiki, que permite editar fácilmente páginas web. Así nace la Wikipedia, el 15 de enero de 2001. No iba a convertirse en una enciclopedia como tal, sino que iba a ser una herramienta que permitiera a los distintos intervinientes trabajar en artículos que a continuación se introducirían en Nupedia.

### ¿SABÍAS QUE...?

En contra de la idea inicial, no hay ninguna publicidad en la Wikipedia. Esta elección es deliberada y su fundador nos lo recuerda de forma regular con avisos para pedir donaciones.

# LA ELECCIÓN DE LO «LIBRE»

A partir de la creación de Nupedia, Jimmy Wales elige adoptar lo «libre». Pero, ¿qué significa esto? Las obras originales están protegidas en nuestra sociedad por derechos de autor durante toda la vida del creador e incluso después (en Francia y en Bélgica, hasta 70 años después de la muerte del autor; 50 años en Canadá). Un texto, una foto, un dibujo o una canción solo pueden difundirse con el acuerdo de uno o varios de los autores o de las personas que tienen derechos sobre la obra, y generalmente a cambio de una retribución. Lo «libre» no pretende privar a los autores de su paternidad, sino que les permite autorizar la modificación y la difusión de su obra gratuitamente y sin su expreso acuerdo.

Para una enciclopedia colaborativa como la Wikipedia, este aspecto es esencial. Los artículos tienen que poder ser modificados por cualquiera para desarrollar el tema y actualizarlo. Por tanto, los contribuidores de la enciclopedia libre aceptan tácitamente que otros modifiquen su texto. Hasta 2009, el contenido de la Wikipedia se publica bajo licencia de documentación libre de GNU, antes de pasar a una licencia Creative Commons Atribución-CompartirIgual 3.0 (abreviada CC BY-SA 3.0), lo que significa que los artículos pueden compartirse y adaptarse, con fines comerciales incluidos, a condición de mencionar a sus autores y de reproducirlos bajo la misma licencia.

**¿SABÍAS QUE...?**

Todo lo que se encuentra disponible en la Wikipedia es libre (menos algunas excepciones, que varían según la versión lingüística. Los textos, así como las fotografías y los dibujos, pueden reproducirse con la condición de respetar la licencia indicada.

## UNA ELECCIÓN TECNOLÓGICA DETERMINANTE

Al elegir el lenguaje wiki para facilitar la edición de los artículos de Nupedia, lo que en realidad hace Sanger es abrir la puerta a la enciclopedia colaborativa que será la Wikipedia. Desde el momento de su creación, los artículos se desarrollan con rapidez. Sin esta elección, el proyecto de Bomis probablemente nunca habría despegado. Sin embargo, Sanger será su víctima: como la Wikipedia funciona sin redactor en jefe, el puesto desaparece y él, que había tenido aquella buena idea, se ve obligado a dimitir.



## UN CONCEPTO INNOVADOR PERO CRITICADO

La Wikipedia se convierte entonces en una

enciclopedia en la que todo el mundo puede participar. El proceso editorial es de lo más simple: alguien escribe un artículo, y este está instantáneamente disponible. Otros contribuidores pueden modificarlo entonces, corregirlo, actualizarlo. Toda modificación se queda guardada en el historial, lo que permite suprimir fácilmente un cambio inapropiado (vandalismo, información no pertinente o errónea, etc.), descubrir quién ha contribuido y ver cómo se ha construido el artículo.

Por tanto, la enciclopedia ya no es obra de eruditos o especialistas en un ámbito. Todos, independientemente de nuestras cualificaciones, estudios o profesión, podemos participar en ella, siempre y cuando respetemos algunas reglas y recomendaciones.

No obstante, se trata de un modelo que no gusta a todo el mundo. Como cualquiera puede publicar información, también podemos encontrar cualquier cosa. A Pierre Assouline (autor francés, nacido en 1953) no le tiembla la voz al hablar de «error con banda ancha» (Assouline 2007), mientras que Pascal Rogard (nacido en 1949), director general de la Sociedad de Autores y Compositores Dramáticos (SACD) de Francia, califica a los contribuidores de «cretinos anónimos» en Twitter en el año 2012. Sin embargo, con el tiempo, se han establecido reglas para mejorar el contenido de la Wikipedia y permitir que sea más fiable. En 2011, el ganador del Premio Nobel de Química, Harold Kroto (1939-2016), afirma que la Wikipedia es más fiable en su ámbito que los manuales escolares.

# DESARROLLO DEL PROYECTO WIKIPEDIA

## UN CRECIMIENTO FULGURANTE

### Wikipedia se escribe en todas las lenguas

Aunque el origen de la Wikipedia se encuentra en los Estados Unidos y en inglés, su éxito es mundial y políglota. Enseguida surgen tras la versión anglófona otras ediciones lingüísticas: en alemán, en español, en portugués, en francés, etc. En enero de 2002, cuenta con 19 ediciones lingüísticas. El año siguiente, el número de versiones se duplica, superando las 52. Hoy en día, la página existe en más de 289 lenguas y dialectos, aunque la versión inglesa sigue siendo la que cuenta con más artículos, seguida por la sueca, la alemana, la neerlandesa y la cebuana (una lengua de las Filipinas). La edición española ocupa la novena posición.

## Evolución del número de artículos por lengua (en miles)

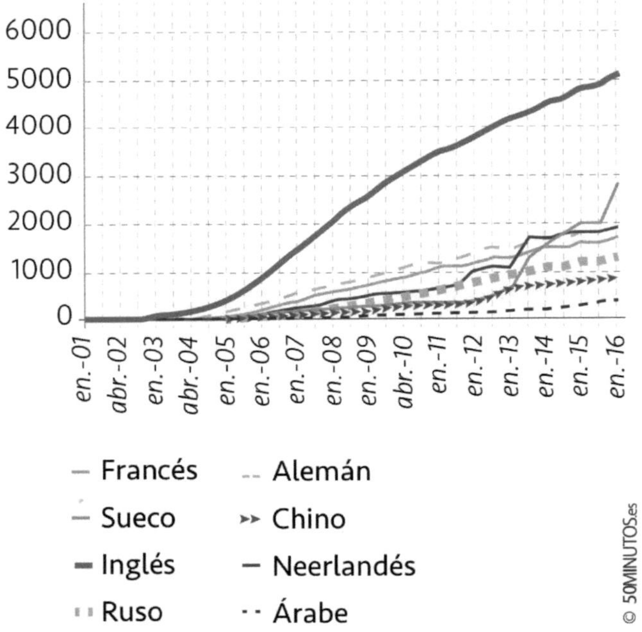


Aunque todas las versiones se rigen por los mismos principios fundadores, cada una de ellas dispone de una cierta autonomía. La comunidad decide determinadas reglas o recomendaciones. Así, la admisibilidad de un tema puede variar, y también ciertas formas de presentar la información, además de determinados procedimientos. Los artículos sobre un mismo tema en distintas lenguas no suelen ser traducciones los unos de los otros. No encontraremos necesariamente la misma información en un artículo dedicado a Islandia en francés, en inglés o en islandés. Cabe destacar que la enciclopedia está organizada por lengua y no por país; por lo tanto, por ejemplo, no existe la versión belga o suiza.

<u>**¿Sabías que...?**</u>

Aunque la enciclopedia sea mundial, su nombre no es idéntico en todas las versiones. Para empezar, en la mayor parte de las lenguas (como ocurre en español) se escribe como en inglés: Wikipedia. Pero también puede convertirse en Viquipèdia en catalán, Wikipedie en checo, Vikipedio en esperanto o, aún más sorprendente, Güiquipeya en extremeño o Uicipeid en gaélico escocés, sin olvidarnos de los nombres en alfabetos no latinos, como el árabe, el chino, el hindi, etc.

## Las reglas indispensables

Un proyecto como el de la Wikipedia enseguida resultaría caótico si no existieran un mínimo de reglas, de recomendaciones y de procedimientos. Jimmy Wales establece cinco principios fundadores que no pueden cuestionarse. Toda regla suplementaria la determina el conjunto de la comunidad de la Wikipedia por consenso. No están grabadas en piedra y pueden modificarse si se realiza un nuevo consenso.

La ausencia de jerarquía real y la gestión conjunta de una página por una comunidad amplia pueden provocar algunas tensiones y sorprender a más de uno, pero en su conjunto, la Wikipedia consigue ser administrada colectivamente sin demasiados problemas.

**LOS CINCO PRINCIPIOS FUNDADORES DE LA WIKIPEDIA**

1. La Wikipedia es, al mismo tiempo, una enciclopedia generalista y especializada. Este primer principio describe también lo que no es: una tribuna de propaganda,

un periódico, una colección de publicaciones inéditas, etc. Así, prohíbe la publicación inédita de resultados de estudio («trabajo inédito»).
2. La Wikipedia aspira a la neutralidad del punto de vista. Los temas deben abordarse sin privilegiar una opinión u otra. De este principio se desprende también la verificación de los datos y, por tanto, la cita de las fuentes.
3. La Wikipedia se publica bajo licencia libre. Este principio describe el concepto y las licencias empleadas.
4. La Wikipedia preconiza los buenos modales entre los contribuidores. Este principio se refiere más a la comunidad que al contenido.
5. No existe ninguna otra regla fija. Este último principio anima a los contribuidores a ser valientes y a no temer cometer errores.

## Lo que hace que tenga éxito

Resulta complicado saber qué ha permitido que esta locura de proyecto despegue realmente.

¿Por qué internautas se han puesto a escribir sobre distintos temas, a pasar horas completando páginas o a comprobar datos? *A priori*, a parte de un cierto enriquecimiento intelectual, no ganan nada con ello...

Sin embargo, a partir del momento en que alcanza un cierto tamaño, la página se vuelve imprescindible. Sin duda, el reflejo cada vez más extendido de buscar en internet en cuanto tenemos una pequeña pregunta o duda ha contribuido a su éxito. En este sentido, la mayor parte de las búsquedas a través de Google, el motor de búsqueda más consultado, ubican los artículos de la Wikipedia entre los primeros resultados. Desde el año 2012, la visibilidad de la enciclopedia libre ha aumentado aún más gracias al *knowledge graph*, introducido por Google: escribe «Victor Hugo» en el motor de búsqueda y verás aparecer a la derecha las primeras líneas del artículo de la Wikipedia dedicado al escritor francés.

Asimismo, el tamaño de la enciclopedia es sin duda alguna un factor de éxito. Los aproximadamente 50 000 artículos de *Universalis* se quedan cortos cuando se comparan con los 1 700 000 artículos de la Wikipedia. Es cierto que la enciclopedia libre dispone de una mano de obra gratuita trabajando día y noche, y también gracias a este personal puede presumir de actualizarse rápidamente. No hace falta esperar días ni semanas para indicar que una personalidad ha fallecido o se ha convertido en presidente, por ejemplo.

## LA FUNDACIÓN WIKIMEDIA

### Creación de la asociación y de los capítulos locales

El 20 de junio de 2003, Jimmy Wales anuncia la creación de la Fundación Wikimedia, una asociación sin ánimo de lucro que inicialmente se sitúa en San Petersburgo (Florida), donde también se encuentra Bomis, para después trasladarse a San Francisco (California). Wales transfiere a la fundación los derechos de propiedad intelectual, por lo que esta toma el relevo de Bomis en lo que a la gestión de la Wikipedia y sus servidores se refiere, localizados en los Estados Unidos y en los Países Bajos. Esta transferencia expresa la voluntad de Wales por que la Wikipedia se inscriba en un modelo caritativo más que en uno comercial. La fundación, que actualmente emplea a más de

200 personas, promociona la Wikipedia y desarrolla otros proyectos libres.

Desde el año 2004 también se expanden asociaciones locales (o «capítulos»). Estas hacen promoción de proyectos Wikimedia en su propio país (o región). Actualmente, se reconocen 41 asociaciones locales, la mayoría de las cuales se encuentran en países francófonos como Bélgica, Canadá, Francia y Suiza.



## Otros proyectos basados en el mismo principio

En paralelo a la Wikipedia, la Fundación Wikimedia controla otros proyectos, que también funcionan sobre un modelo libre y colaborativo.

Ya dentro de la categoría de obras de referencia, es lógico que después de una enciclopedia los fundadores enseguida se metan en un proyecto de diccionario. El 12 de diciembre de 2002 se lanza el Wiktionary. Su edición en francés se publica en marzo de 2004 bajo el nombre de Wiktionnaire, y también existe una versión en español, el Wikcionario, iniciada en mayo del mismo año. Se trata de un diccionario tanto explicativo como de traducción y ya existe en 172 idiomas.

Wikilibros, versión española de Wikibooks, es una página colaborativa que permite escribir libros pedagógicos. Se crea el 10 de julio de 2003 en inglés y, a día de hoy, propone unas 9000 páginas en la lengua de Cervantes. No hay que confundirla con la Wikisource, lanzada el 24 de noviembre de 2003. En efecto, esta propone recursos libres de derechos, ya sea porque lo indica la licencia o porque son obras que han pasado al dominio público. Los textos, por tanto, no son colaborativos en el sentido en que no son obra de los contribuidores. Por el contrario, la comunidad puede participar en la traducción de estos textos. Actualmente, la Wikisource propone unos 102 000 textos en español. Cercano a estos proyectos están la Wikiversity (o Wikiversidad), que propone recursos educativos como manuales o clases. La página se lanza el 15 de agosto de 2006.

También existe una recopilación de citas libres, Wikiquote, lanzada el 10 de julio de 2003. Cuenta con más de 6450 citas en español.

En un ámbito totalmente distinto, la Wikispecies es un repertorio de especies vivas. Se crea el 14 de septiembre de 2004, y su contenido se parece bastante de una lengua a otra. Los nombres se ofrecen en latín, por lo que solo la interfaz y las páginas que se destacan difieren realmente de una lengua a otra.

En un principio orientado al gran público, Wikinoticias es un periódico colaborativo en línea que cuenta con más de 10 500 artículos en español. Los grandes acontecimientos de la actualidad se suelen sintetizar en la Wikipedia, por lo que a veces se cuestiona la existencia de Wikinoticias. Finalmente, la última página colaborativa de este tipo es Wikiviajes, una guía de viaje colaborativa, relanzada el 15 de enero de 2013 tras una caótica existencia entre 2006 y

2012.

## Wikimedia Commons y Wikidata

Finalmente, también existen dos páginas que son proyectos completos pero que están muy vinculados con los precedentes: se trata de Wikimedia Commons y de Wikidata.

El primero, lanzado el 7 de septiembre de 2004, reúne cerca de 30 millones de elementos multimedia libres, esencialmente imágenes, pero también audios y videos. Así, todos los proyectos Wikimedia pueden ilustrar sus páginas con la ayuda de Wikimedia Commons. Los elementos multimedia se clasifican en categorías y subcategorías y se puede añadir una descripción en distintas lenguas.

Más recientemente, la página Wikidata es una base de datos factuales. Lanzada el 30 de octubre de 2012, tiene como objetivo centralizar datos, como el nacimiento o la muerte de una personalidad, la superficie de una ciudad o de un pueblo, etc. Los datos factuales de los distintos proyectos podrían al cabo del tiempo ser reemplazados por un enlace a esta base de datos. En caso de actualización o de corrección en Wikidata, todas las páginas se modificarían automáticamente. Por ahora, sin embargo, nos encontramos en los inicios de Wikidata, que tiene muchos detractores, sobre todo en la Wikipedia en francés.

### La galaxia Wikimedia

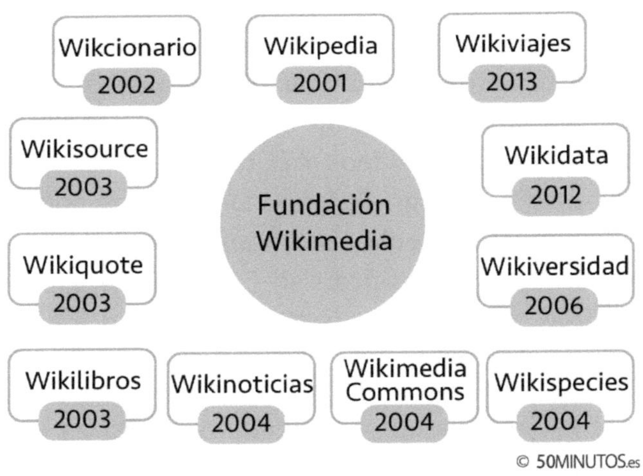




## EL FINANCIAMIENTO DE LOS PROYECTOS WIKIMEDIA

En ausencia de toda publicidad en las distintas páginas y en vista de la gratuidad de estas, la

Fundación Wikimedia se financia esencialmente a través de donaciones, conseguidas mediante campañas anuales de llamamiento a la donación. Unos 2,5 millones de particulares responden favorablemente a este llamamiento y, en función de sus medios, transfieren una cantidad que va de un dólar a un millón de dólares. También algunas fundaciones y empresas apoyan la enciclopedia libre, a menudo muy generosamente. Entre estas, que a menudo se vinculan a antiguos hombres de negocios estadounidenses, podemos citar la Alfred P. Sloan Foundation, la Stanton Foundation, la Ford Foundation o la Hewlett Foundation. Entre las empresas, destacan los gigantes Google, Microsoft y Apple.

Las otras fuentes de financiamiento son la venta de licencias para el uso de las marcas de la fundación (sobre todo a Orange o Facebook) o el *merchandising* de productos que llevan el logo de la Wikipedia (camisetas, pines, tazas, etc.). Con el paso de los años, los ingresos de la fundación se han visto fuertemente incrementados: de 80 129 dólares en el año 2003-2004 (siendo los años fiscales de julio a junio), a cerca de 76 millones de dólares en el año 2014-2015.

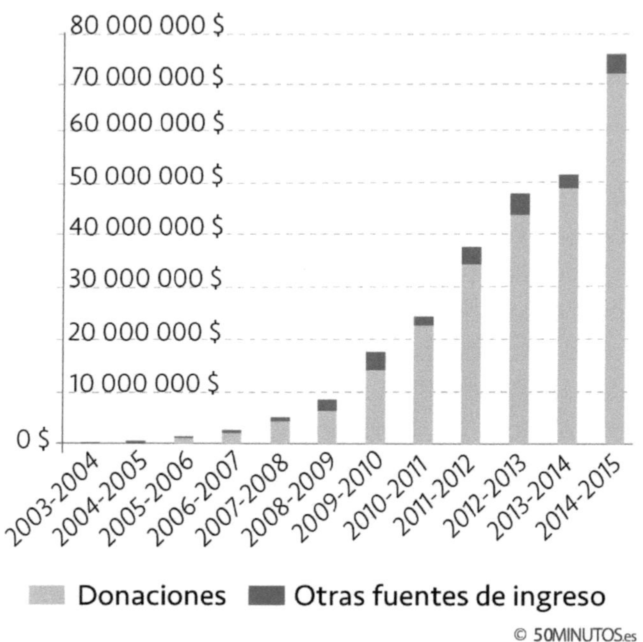



## LA COMPETENCIA EN LA TORMENTA

En quince años, la Wikipedia se ha convertido en un gigante en el mundo de las enciclopedias. Ante ella, la competencia lucha con dificultades por seguir existiendo. En enero de 2009, la página web Hitwise calcula que, de cada 100 visitantes estadounidenses de una enciclopedia en línea, 97 han consultado la Wikipedia, mientras que el 1,27 ha preferido la Encarta y el 0,57 la *Britannica*.

Incluso si la Wikipedia no es el único motivo de la desaparición de ciertos de sus competidores, no podemos negar que tiene una gran parte de responsabilidad. En 2007, el editor Robert Laffont anuncia la desaparición de *Quid* tras más de 40 años de buenos y leales servicios. Por su parte, Microsoft deja de editar su enciclopedia Encarta en 2009. *Universalis* y su casa editorial, *Britannica*, siguen resistiendo a duras penas. La *Encyclopaedia Universalis*, que sale en diciembre de 2015 de su insolvencia, se centra ahora en el mercado de la educación digital, pero ha tenido que despedirse de una parte de su personal. La mayor parte de las enciclopedias han dejado a un lado la versión impresa, privilegiando los DVD e internet.

El éxito de la fórmula también da ideas.

- Así, Google lanza la enciclopedia Knol en 2008. Esta da una importancia central a los autores y publica textos bajo licencia libre o con derechos de autor. Sin embargo, el proyecto no acaba de despegar y se abandona en 2012.

- Citizendium, puesta en marcha en 2006 por Larry Sanger, el fundador de la Wikipedia, se parece a Nupedia: es una enciclopedia libre verificada por expertos. Nueve años después de su lanzamiento, la enciclopedia propone menos de 17 000 artículos, de los cuales solo 160 han sido aprobados por expertos.

# LA WIKIPEDIA EN LA ACTUALIDAD: LA MAYOR ENCICLOPEDIA JAMÁS CREADA

## LA WIKIPEDIA EN CIFRAS

En mayo de 2016, la Wikipedia cuenta con casi 40 millones de artículos. 13 de sus ediciones lingüísticas superan la barrera del millón de artículos. En el mundo, más de 62 millones de personas están inscritas en la Wikipedia. A modo de ejemplo, podemos señalar que, entre ellas, entre 15 000 y 17 000 (esta horquilla se mantiene más o menos constante) se consideran contribuidores activos en la edición francófona, es decir, que al menos han hecho una modificación durante el último mes. En 15 años, ha habido más de dos mil millones de modificaciones, y más de 128 millones de ellas solo en francés. En abril de 2016 se han creado de media 12 449 artículos al día, entre los cuales 347 eran en francés.

En lo que se refiere al público, en el mes de abril de 2016 se consultaron 751 744 304 páginas de la versión francófona de la Wikipedia. Según las cifras de la empresa Alexa, el 19 de mayo de 2016 la página era la sexta más visitada del mundo, justo después de Yahoo. En Francia, según las cifras de Mediamétrie de marzo de 2016, la Wikipedia era la novena página más visitada, con 16 710 000 visitantes únicos, es decir, 1 738 000 visitantes al día. ¡Un indiscutible éxito en términos de visitantes!

**¿SABÍAS QUE...?**

Si la Wikipedia se publicara en el mismo formato que la *Encyclopaedia Britannica*, solo la versión francesa contaría con 573 volúmenes, mientras que el conjunto de todas las lenguas sumaría 16 711 volúmenes.

## HACER FRENTE A LA COMPETENCIA

La Wikipedia se ha convertido en la enciclopedia en línea más consultada en un buen número de países, sustituyendo con creces las enciclopedias ya existentes, tanto en número de artículos como en número de visitantes.

En este panorama, China es la excepción. Han surgido dos enciclopedias después de Wikipedia para hacerle la competencia, y han conseguido adelantarla en importancia de los contenidos. Baike es la enciclopedia china más grande, con más de 14 millones de artículos. También funciona en forma de wiki, pero está vinculada a una red social. Con algunos artículos menos (13 millones) se posiciona Baidu Baike, que está vinculada a un motor de búsqueda muy popular en China.

En Rusia, país en el que las autoridades amenazan regularmente a Wikipedia con el bloqueo, se ha creado una enciclopedia participativa que le hace la competencia, la Wikiznanie. Nace a finales de 2014 y actualmente tiene diez veces menos artículos que la versión rusófona de la Wikipedia.

En cuanto a la versión francófona, la Wikipédia domina con creces a sus dos principales competidores, la enciclopedia *Larousse* y la *Encyclopaedia Universalis*, tanto en el plano de la cantidad de contenido como en términos de consulta. Las dos enciclopedias tradicionales siguen siendo bastante discretas en lo que a número de artículos propuestos se refiere. Cuando se le pregunta, *Universalis* habla de 50 000 artículos, mientras que la enciclopedia *Larousse* cuenta con al menos 150 000 artículos.

## Número de artículos en las enciclopedias francófonas

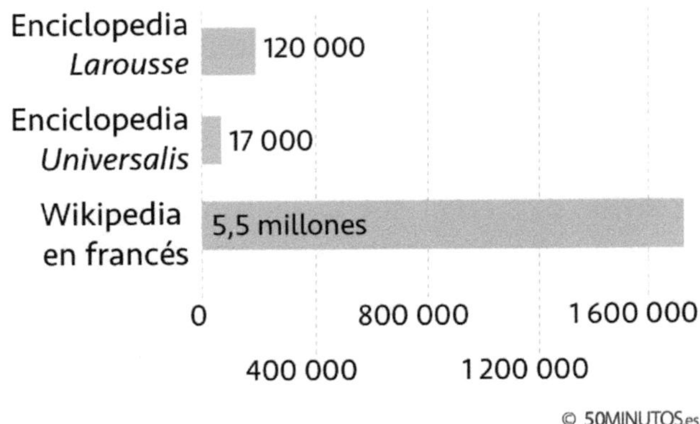


Sin embargo, la Wikipedia no considera a las enciclopedias tradicionales competencia, sino que las ve más bien como referencias: el que un tema aparezca en una de ellas es, de hecho, una prueba de validez incontestable en los debates sobre la admisibilidad de un artículo. También se consideran fuentes fiables en el seno de la comunidad de la Wikipedia. Indudablemente, esta no desea que *Universalis* o *Britannica* desaparezcan.

## PROYECTOS A FAVOR DE LOS MÁS DESFAVORECIDOS

A la Fundación Wikimedia y la comunidad de la Wikipedia les mueven las ganas de transmitir un conocimiento. Por eso se han tomado iniciativas a favor de las poblaciones más desfavorecidas de todo el mundo. Como el acceso a internet sigue siendo caro, Wikimédia France, el Instituto Francés (órgano encargado de la acción cultural de Francia en el extranjero) y la Agencia universitaria de la francofonía (agencia activa en la cooperación entre universidades francófonas por todo el mundo) han desarrollado el proyecto Afripedia, cuyo objetivo es permitir el acceso fuera de línea a la enciclopedia. Así mismo, el proyecto Wikipedia Zero lanzado por la Fundación Wikimedia permite, en ciertos países pobres, consultar la enciclopedia en un teléfono inteligente, sin conexión a internet y, por tanto, gratuitamente.

## LOS RETOS

Actualmente, el mayor reto de la página no es tanto crecer como mantenerse. En quince años, la Wikipedia ha podido encontrar el número necesario de contribuidores para hacerse imprescindible y garantizar una cierta calidad. Sin embargo, tienen que procurar no cansar a sus contribuidores voluntarios. Sobre todo cuando algunos debates, a veces arduos, provocan que contribuidores muy implicados en la enciclopedia se marchen.

A continuación, es necesario que logre mejorar sus puntos débiles, diversificando sus contribuidores para desarrollar temas menos tratados. Por ejemplo, sabemos que la comunidad de la Wikipedia es mayoritariamente masculina. ¿Cómo convencer a las mujeres de implicarse en un proyecto tal? Por otra parte, los artículos escritos sobre África siguen siendo mucho menos numerosos que los dedicados a otros continentes. Se han tomado acciones para colmar este vacío, ¿pero es suficiente? Finalmente, la comunidad científica, los universitarios y las élites siguen siendo un objetivo al que aún hay que convencer, incluso si se tiene en cuenta que varios galardonados con el Premio Nobel han opinado positivamente sobre la enciclopedia.

# EN RESUMEN

- La Wikipedia es una enciclopedia gratuita redactada de forma voluntaria por contribuidores de todo el mundo.
- El mundo de las enciclopedias ha sido transformado considerablemente con la llegada de la informática y de internet en particular.
- En 2001, los estadounidenses Jimmy Wales y Larry Sanger crean la enciclopedia libre.
- El contenido de la enciclopedia, imágenes incluidas, puede reutilizarse legalmente con la licencia indicada.
- «Wiki» designa la tecnología utilizada por Wikipedia. Permite la redacción colaborativa de los artículos.
- La Fundación Wikimedia es la encargada de gestionar los servidores, la marca, etc., pero no el contenido.
- El proyecto se financia esencialmente a base de donaciones, que actualmente han llegado a más de 72 millones de dólares.
- Además de los cinco principios fundadores, las reglas de la enciclopedia se deciden por

consenso en el seno de la comunidad de la Wikipedia.

- Existen otros proyectos hermanos, libres y colaborativos, como Wikcionario, Wikiviajes, Wikispecies, Wikimedia Commons, etc.
- La Wikipedia es una de las páginas más consultadas del mundo y la enciclopedia en línea más exitosa.

*¡Tu opinión nos interesa!*
*¡Deja un comentario en la página web de tu librería en línea,*
*y comparte tus favoritos en las redes sociales!*

# PARA IR MÁS ALLÁ

## FUENTES BIBLIOGRÁFICAS


- Alexa, "The top 500 sites on the web". Consultado el 28 de septiembre de 2017. http://www.alexa.com/topsites

- Assouline, Pierre. 2007. "L'erreur à haut débit". *L'Histoire*. Marzo. Consultado el 28 de septiembre de 2017. http://www.histoire.presse.fr/actualite/carte-blanche/wikipedia-l-erreur-a-haut-debit-01-03-2007-6324

- Barbe, Lionel, Louise Merzeau y Valérie Schafer, dir. 2015. *Wikipédia, objet scientifique non identifié*. París: Presses universitaires de Paris Ouest.

- Blondeel, Sébastien y Jean-Marie Thomas. 2006. *Wikipédia: comprendre et participer*. París: Eyrolles.

- Mediamétrie, "Audience Internet Ordinateur en France en mars 2016", 2016. Consultado el 19 de mayo de 2016. http://webcache.googleusercontent.com/search?q=cache:-NfCoxaKpRgJ:www.mediametrie.fr/internet/communiques/audience-internet-ordinateur-en-france-en-mars-2016.php%3Fid%3D1419+&cd=3&hl=fr&ct=clnk&gl=be

- Rey, Alain. s. f. "Encyclopédie". *Encyclopaedia Universalis*. Consultado el 28 de septiembre de

2017. http://www.universalis.fr/encyclopedie/
encyclopedie/

- Sawer, Paul. 2011. "Larry Sanger on co-founding
Wikipedia and how online education could change
the world". *TNW*. Noviembre. Consultado el 28
de septiembre de 2017. http://thenextweb.com/
insider/2011/11/19/larry-sanger-on-co-founding-
wikipedia-and-how-online-education-could-chan-
ge-the-world/

- Wikimedia Foundation. Consultado el 28 de
septiembre de 2017. https://wikimediafoundation.
org/

- Wikimedia Foundation, "Financial reports".
Consultado el 28 de septiembre de 2017. https://
wikimediafoundation.org/wiki/Financial_reports

- Wikimedia Foundation, "Knowledge is a foundation", 2014. Consultado el 28 de septiembre de
2017. https://annual.wikimedia.org/2014/

- Wikipedia. Consultado el 28 de septiembre de 2017.
https://fr.wikipedia.org

- Zachte, Erik. 2015. "Wikipedia Statistics".
*Wikimedia*. Diciembre. http://stats.wikimedia.org/
EN/TablesArticlesTotal.htm

## FUENTES COMPLEMENTARIAS

- Creative Commons France. Consultado el 28 de
septiembre de 2017. http://creativecommons.fr/

- Delsaut, Guy. 2013. "Face-à-face entre Wikipédia et l'Universalis en ligne: Peut-on tenter une comparaison?". *Cahiers de la documentation*, n.° 2013/2. Junio. http://www.abd-bvd.be/cahiers-de-la-documentation/2013-2/

- Delsaut, Guy. 2016. *Utiliser Wikipédia comme source d'information fiable*. Bois-Guillaume: Klog Éditions.

- Meyer, Susan. 2013. *Jimmy Wales and Wikipedia*. Nueva York: The Rosen Publishing Group.

## VIDEOS

- "Faut-il croire en Wikipédia?", video en Youtube, publicado por "WhitewalkerII", 24 de febrero de 2013, https://www.youtube.com/watch?v=HnZXicOOTSg

# ¡APRENDER NUNCA ANTES FUE TAN RÁPIDO!

## www.50minutos.es

www.50Minutos.es

ISBN ebook: 9782806299819

ISBN papel: 9782806299826

Depósito legal: D/2017/12603/401

*Libro realizado por Primento, el socio digital de los editores*